MANUEL

DES TABLEAUX

DE MUSIQUE.

Copie de la Lettre adressée à M. L. QUICHERAT

PAR

M. le Directeur du Conservatoire de musique et de déclamation.

Paris, le 19 octobre 1836.

MONSIEUR,

Vous avez eu la bonté d'adresser aux membres du comité du Conservatoire vos *Tableaux de musique*. Veuillez recevoir leurs remercîments.

Il n'entre pas dans les attributions du comité, Monsieur, d'avoir à donner son avis sur le degré de mérite des ouvrages de cette nature. Mais je sais que plusieurs membres ont lu le vôtre avec intérêt, et qu'ils pensent, comme moi, que votre travail doit vous donner des droits à l'approbation publique. Je l'ai fait déposer à la bibliothèque du Conservatoire, où il pourra offrir aux artistes des renseignements utiles. Leur reconnaissance est acquise aux hommes de talent, dont les efforts doivent servir aux progrès de l'art.

Recevez, Monsieur, l'assurance de ma considération très distinguée.

LE DIRECTEUR DU CONSERVATOIRE DE MUSIQUE ET DE DÉCLAMATION,

Signé L. CHERUBINI.

Imprimerie d'E. DUVERGER, rue de Verneuil, n° 4.

MANUEL
DES TABLEAUX
DE MUSIQUE

PAR

L. QUICHERAT
AGRÉGÉ DE L'UNIVERSITÉ.

OUVRAGE AUTORISÉ PAR L'UNIVERSITÉ.

Deuxième édition.

PARIS

PERROTIN, LIBRAIRE-ÉDITEUR, PLACE DU DOYENNÉ, N° 3;
L. HACHETTE ET Cⁱᵉ, RUE PIERRE-SARRAZIN, N° 12.

1846

PRÉFACE.

Au rebours de bien des faiseurs de préfaces et de prospectus, je commence par confesser que je n'ai point trouvé une recette pour faire apprendre la musique en quelques mois et comme par enchantement. Je renvoie donc aux fastueuses enseignes ceux qui ont besoin de cet appât. Les véritables connaisseurs, pénétrés des difficultés inhérentes à la science musicale, ne croient pas qu'on puisse les escamoter, et tout le charlatanisme vient échouer devant cette conviction éclairée. Mais sans sortir de la sphère des possibles, les méthodes sont susceptibles d'une foule d'améliorations successives ; il y a un milieu entre le merveilleux et la routine. C'est aux juges compétents que je m'adresse, avec d'humbles prétentions : mon but sera atteint si je puis leur paraître avoir facilité en quelque chose l'enseignement musical.

De nos jours, tous les bons esprits qui ont réfléchi sur cette question, reconnaissent la nécessité de séparer l'étude des sons et celle de la durée. Le sentiment de *l'intonation* et celui de la *mesure* sont également indispensables pour le musicien ; mais, s'il faut du temps pour les acquérir isolément, il en faut bien davantage pour les acquérir à la fois. La première condition que doit présenter une méthode nouvelle est donc de satisfaire à cette juste exigence de notre siècle, et d'initier successivement les élèves aux deux éléments constitutifs de la science.

Cette division une fois donnée, par laquelle des deux parties convenait-il de commencer? Il me paraît évident que c'est la *mesure* qui devait avoir la priorité. En effet, des études insuffisantes sur ce point, non-seulement entravent les progrès de l'élève, mais frappent de stérilité tous les efforts qu'il peut faire postérieurement. Qui n'a pas vu des talents brillants, qu'un premier enseignement mal dirigé a condamnés, sous ce rapport, à la plus choquante et à la plus déplorable imperfection! Une autre considération m'a paru capitale : bien des élèves ne se proposent pas d'étudier le chant, et ils ont hâte de prendre un instrument. Il était donc naturel de commencer par une partie qui satisfait au besoin de tous.

Voulant présenter de nombreuses combinaisons de la mesure, en écartant avec soin toutes les difficultés d'intonation, j'ai rencontré un obstacle. Si je composais mes exercices sur une seule et même note, comme d'autres l'ont fait avant moi, je pouvais craindre d'offrir une étude par trop fastidieuse. Je crois avoir paré à cet inconvénient en adoptant une suite d'intonations faciles et à la portée des commençants : j'ai pris la *gamme*, poursuivie invariablement dans sa progression ascendante et descendante, pour base de tous les dessins de mesure. Par ce moyen, bien simple, mais dont pourtant je réclame l'idée, l'élève parcourra, j'espère, avec plus de patience un chemin où la variété aura jeté quelque intérêt. On reconnaîtra, en outre, que ces exercices, compris dans un diapason très borné, peuvent être chantés sans peine comme sans inconvénient par les voix les plus faibles et les plus rebelles. Du reste, ils ont à plus forte raison les qualités d'exercices sur une seule note, et l'on sera libre de les faire exécuter sur un même son. Cette méthode devra même, en certains cas, être suivie de préférence; elle sera toujours bonne quand on abordera une nouvelle leçon.

Les exercices de mesure avaient été particulièrement négligés dans les méthodes de musique. Le *Solfége de Rodolphe*, le plus répandu de tous, est d'une nullité presque complète à cet égard. Le *Solfége italien* n'a pas la prétention, je pense, d'être une méthode de musique; il n'est bon que pour les élèves qui ont déjà acquis une certaine force; il ne contient aucun exercice de mesure proprement dit. L'excellent *Solfége du Conservatoire* est le seul qui ait senti l'importance de cet objet d'étude, et proposé une série d'exemples bien faits et variés. Malheureusement cet ouvrage est trop coûteux pour pouvoir devenir populaire. J'ai consacré à l'étude de la mesure plus de leçons qu'on n'en trouve dans tous les solféges réunis. Accumulant un grand nombre de formules rhythmiques, j'ai offert une suite de difficultés que la pratique n'aurait fournies qu'éventuellement, et peut-être après un an ou deux de lecture. J'ai mis un soin particulier à graduer ces exercices, et je crois qu'on n'y rencontrera jamais d'écueils imprévus.

Dans la seconde partie (*deuxième série*), j'ai voulu présenter à son tour l'intonation sous plus de faces qu'on ne le fait d'ordinaire, et cela en n'employant que les plus simples divisions de la mesure. Rodolphe avait donné sur chaque intervalle l'exercice le plus élémentaire ; il s'était arrêté là. Le *Solfége du Conservatoire* a comblé à peu près cette lacune. Je suis ce modèle, en insistant sur certains points qui m'ont paru désirer encore quelque développement. Je traite longuement de chaque intervalle en particulier ; je présente d'abord, comme dans la première partie, des successions faciles, toujours la marche diatonique ; puis des successions qui vont progressivement jusqu'à la bizarrerie, afin de mettre en défaut les prévisions de l'élève. Pour vérifier s'il n'oublie pas ce qu'il a antérieurement appris, je combine les nouveaux intervalles avec les précédents. Enfin, comme il éprouve de l'embarras, on le sait, quand la clef est armée de dièses ou de bémols, en présence d'intervalles sur lesquels il ne broncherait pas dans la gamme naturelle, j'ai exercé dans différents tons les différents intervalles.

Une des causes qui contribue le plus à rendre si lents les progrès des commençants, c'est qu'ils ne travaillent pas dans l'intervalle des leçons. Cependant l'on sait combien il est profitable dans toute étude de repasser la leçon du maître. A l'aide de ces Tableaux, l'élève pourra étudier seul et sans le secours d'un instrument. L'exercice qui aura fait le sujet de la dernière instruction ne contiendra jamais de difficulté dont il ne trouve la solution en réfléchissant un instant. Je ne saurais trop recommander cette étude individuelle ou collective des élèves livrés à eux-mêmes. Il serait étrange que le maître de musique crût pouvoir se passer d'un auxiliaire dont le maître de danse avoue le besoin.

Si des personnes, déjà un peu avancées, se sentent faibles sur quelque point ; si d'autres, qui auraient étudié par des méthodes expéditives, viennent à reconnaître qu'elles savent peu de chose, je crois qu'elles pourront trouver dans ces Tableaux précisément la solution des difficultés qui les embarrassent, ou un supplément à une instruction superficielle. Je souhaite qu'elles aient le courage de se soumettre à un travail sérieux. Je ne leur promets pas des chants agréables et qu'elles puissent aisément retenir par cœur ; mais par cela même, ces leçons leur seront plus longtemps nouvelles et profitables.

Quoique les derniers Tableaux contiennent quelques leçons qui réunissent les deux éléments que j'ai tenus jusqu'alors séparés, j'avoue que les exercices où a lieu cette fusion ne sauraient suffire à l'enseignement. La place me manquait pour traiter ce sujet avec le développement convenable. Il faudrait maintenant une troisième série, dans laquelle on trouvât des applications, et un dédommagement aux études arides par lesquelles j'ai été obligé de conduire l'élève pour l'instruire. Je sais qu'il eût été beaucoup plus court de le mettre tout de suite aux petits airs, aux romances, sauf à les lui apprendre par cœur : c'est une méthode simplifiée que je laisse à d'autres, et qui sera toujours assez pratiquée.

Si cette première publication est accueillie avec quelque faveur, mon intention est d'y ajouter une troisième partie, qui contiendra une suite de chants à une, à deux, à trois et à quatre voix, avec ou sans paroles. Mais après un exposé technique des principes de la science, j'ai pu faire une halte, et attendre le jugement du public.

Pour guider les maîtres dans l'usage qu'ils devront faire de ces Tableaux, je vais donner des instructions particulières appropriées aux différentes méthodes d'enseignement. Dans le courant du Manuel, ils trouveront au bas du texte des notes qui s'adressent également à tous.

Du reste, ce *Manuel* n'est pas un traité complet de musique; il est fait surtout en vue des Tableaux. On trouvera de plus amples développements, et surtout une exposition plus rigoureusement analytique, dans un petit ouvrage que j'ai publié il y a quelques années[1].

---

(1) *Traité élémentaire de Musique;* un volume, avec un grand nombre d'exemples dans le texte. — Chez L. Hachette et Cie, rue Pierre-Sarrazin, n. 12. — Prix : 1 fr. 50 c.

INSTRUCTIONS PARTICULIÈRES

POUR LES MAITRES.

Cette méthode n'est pas exclusive, et peut convenir à l'enseignement individuel comme à l'enseignement collectif. Quelques conseils sont nécessaires pour diriger les maîtres dans l'un et l'autre cas.

La capacité des jeunes intelligences est si différente, les difficultés qui troublent les commençants sont si diverses et souvent si imprévues, qu'il est impossible de tracer une marche unique et invariable; c'est au tact du maître à proportionner sa marche à celle des élèves qu'il conduit, et à insister sur les points qui les arrêtent. Nous sommes obligés de nous en tenir à des instructions générales, qu'il faudra savoir modifier, s'il y a lieu. Ce que nous disons ici s'applique particulièrement à l'enseignement *individuel;* pour l'enseignement *collectif*, il est possible, il est même nécessaire d'établir quelque chose de plus fixe et de plus rigoureux.

De l'Enseignement individuel.

Le premier enseignement musical doit être essentiellement individuel. L'enseignement collectif devra se conformer à cette nécessité, ainsi que nous l'expliquerons tout à l'heure. Nous posons, comme vérité corrélative, que l'enseignement individuel ne peut se charger de former un musicien consommé, et qu'il faut compléter des études solitaires par l'habitude de chanter *en parties*. L'oreille a besoin de se familiariser avec l'harmonie; il faut savoir marcher sûrement au milieu de tous ces sons divers qui tendent à nous faire dévier. C'est ainsi que les soldats doivent apprendre individuellement les détails de l'exercice, puis ensuite manœuvrer ensemble, jusqu'à exécuter enfin les évolutions les plus compliquées.

On commencera naturellement par enseigner les signes de l'écriture musicale. Ces signes une fois connus (et l'on pourra glissser légèrement sur les derniers pour y revenir plus tard), on passera aux exercices de mesure. Quoique la *Première série* ne présente pas de difficultés d'intonation, les élèves devront commencer par battre seulement la mesure *sans articuler de notes ni émettre de sons*, en indiquant seulement avec la main les différentes subdivisions de la mesure ; puis ils nommeront les notes *sur un seul son*. Enfin, on fera exécuter l'exercice avec la variété des sons indiqués. Les deux premiers procédés conviendront seuls pour de très jeunes enfants ou des constitutions qu'on voudra ménager.

A moins que l'on n'ait l'intention de borner l'élève à l'étude de la *Première série*, pour le conduire promptement à celle d'un instrument, on reconnaîtra que la *Seconde série* doit être menée de front avec la première. C'est ici qu'il faut s'en remettre au jugement du professeur. Nous recommanderons seulement de ne jamais faire étudier un tableau de la 2e série qui présenterait un signe ou quelque difficulté avec lesquels ce qui a été vu de la 1re série n'aurait pas encore familiarisé l'élève. Du reste, nous renvoyons à l'ordre que nous assignons pour l'enseignement mutuel et pour l'enseignement simultané. Ces deux classifications, qui diffèrent peu, pourront être généralement adoptées dans l'enseignement individuel.

Quand les élèves commenceront à avoir quelque sentiment de la mesure et de l'intonation, on pourra mener de front l'étude de ces Tableaux avec celle des solféges. Nous conseillons de commencer la leçon par faire dire un ou deux de nos exercices ; puis quelque morceau chantant viendra offrir un objet d'étude plus agréable.

Quoique des élèves puissent déjà passablement déchiffrer après un an ou deux ans d'étude, je crois pouvoir garantir qu'on trouvera dans cette méthode des difficultés de mesure et d'intonation qu'ils ne résoudront pas du premier coup. Ainsi MM. les professeurs, sans changer en rien leur système d'enseignement, trouveront dans ces Tableaux les exercices sur lesquels ils sentent le besoin d'exercer leur élève. Un seul Tableau présente la même difficulté plus de fois qu'elle ne se rencontrerait en exécutant pendant six mois des leçons chantantes ; or, quand on ne la retrouve ainsi que de loin en loin, on a bien de la peine à s'en rendre maître.

De l'Enseignement mutuel.

Ne voulant pas nous départir de notre système d'impartialité à l'égard des différentes méthodes d'enseignement, nous n'avons pas cru devoir dresser un questionnaire à l'usage des Moniteurs. Nous laissons à MM. les instituteurs le soin de le rédiger. Rien ne sera plus simple, s'ils veulent bien lire avec attention le Manuel qui suit, et le compléter en consultant le *Traité élémentaire* dont il a été déjà parlé.

Voici dans quel ordre les Tableaux devront être distribués entre les différentes classes :

Classes.	Tableaux.
Ire	N°s 1, 2, 3, 4, 5.
IIe	6, 7, 8, 9, 10, 11.
IIIe	12, 13, 14, 15, 16. — 26, 27, 28.
IVe	29, 30, 31, 32, 33.
V^e	17, 18. — 34, 35, 36, 37.
VIe	19, 20. — 38, 39, 40, 41.
VIIe	21. — 42, 43, 44, 45.
VIIIe	22, 23. — 46, 47, 50.

Les deux derniers tableaux de la première série, et les Tableaux 48 et 49 dans la seconde, nous paraissent un peu difficiles pour les écoles élémentaires, et l'on ne les joindra aux études de la VIIIe classe que si la force des élèves le permet.

Il sera nécessaire de joindre à ces études, qui sont toutes à une seule partie, des morceaux d'ensemble simples et proportionnés à la force des élèves : des duos, des trios, des chœurs formeront leur oreille, et les feront jouir du peu qu'ils auront déjà appris. Mais il ne faudrait pas abandonner les études sévères pour leur apprendre par cœur des mélodies dont ils seraient totalement incapables de se rendre compte. Ce moyen d'illégitime succès auprès des personnes qui visitent les écoles sera négligé par les instituteurs qui désireront réellement l'instruction des enfants.

De l'Enseignement simultané.

Nous commençons par nous élever fortement contre un enseignement simultané qui consisterait à confondre les élèves, quelles que soient leur force et leur capacité, afin d'obtenir promptement une exécution passable : ce système condamne la plus grande partie de ceux qu'on est chargé d'instruire à une ignorance qu'on déguise à leurs yeux. Vouloir faire chanter seul un élève qui a étudié par cette déplorable méthode, c'est abandonner à lui-même un enfant qui ne sait marcher qu'avec des lisières.

Tout enseignement collectif doit être à la fois et primitivement individuel. L'instituteur doit faire exécuter l'objet de la leçon à chacun des élèves composant le cercle, et le redresser s'il se trompe, ou le faire corriger par un de ses camarades. On doit ne passer à une exécution collective que lorsque chaque enfant possède à fond le rôle qu'il doit jouer. Alors cette exécution est la somme du savoir de chacun, et non un voile jeté sur l'ignorance.

Une fois les signes connus, et quand on arrivera aux exercices de mesure, le maître pourra alternativement et suivant la force des élèves, 1° battre lui-même la mesure ; 2° la faire battre à un seul élève, quelquefois en dirigeant sa main ; 3° la faire battre à tous ; 4° cesser entièrement de la faire battre.

De même pour les exercices d'intonation. Il chantera lui-même l'intervalle, puis le fera répéter par un élève, puis par plusieurs, enfin par tous à l'unisson.

Voici maintenant l'ordre dans lequel les Tableaux devront être distribués entre les diverses classes. On fera bien de consulter ce qui a été dit pour l'enseignement mutuel, afin d'en extraire ce qui serait applicable à l'enseignement simultané.

Classes.	Tableaux.
Ire	N°s 1, 2, 3, 4, 5, 6, 7, 8, 9.
IIe	10, 11, 12, 13, 14, 15, 16. — 26, 27, 28.
IIIe	29, 30, 31, 32, 33. — 17, 18, 19, 20.
IVe	34, 35, 36, 37, 38, 39, 40, 41. — 21.
V^e	22, 23. — 42, 43, 44, 45, 46, 47, 50.

Les Tableaux 24, 25, 48 et 49 ont paru devoir être supprimés pour un cours primaire. On les rétablira tous ou en partie et on les joindra au programme de la Ve classe, si la force des élèves le permet.

Si je puis maintenant donner mon avis sur la méthode qui me paraît préférable pour l'enseignement de la musique, j'avouerai que la méthode collective me paraît incomparablement celle dont on peut attendre les meilleurs résultats. Outre l'avantage de l'enseignement individuel, qui est de suivre l'élève pas à pas, et de lui donner un guide éclairé qui redresse ses erreurs et éclaire ses doutes, il a pour lui le mobile de l'émulation. Tel enfant se buterait souvent devant une difficulté, qui se pique d'honneur quand il voit un camarade en avoir triomphé.

Et puis, quelles ressources d'avoir à sa disposition tous ces petits exécutants! Comme on peut, avec de simples exercices, leur inculquer de bonne heure le sentiment de l'harmonie! Deux notes en accord, un accord parfait, voilà aussitôt un résultat plein d'intérêt. Je ne puis m'empêcher de regretter ici que les excellents exercices de M. Choron ne soient pas répandus dans toutes les écoles primaires, et semblent même aujourd'hui totalement oubliés. Les connaissances les plus élémentaires y sont appliquées dans des morceaux d'ensemble parfaitement gradués. Je ne connais rien de plus ingénieux, de plus méthodique, de plus profitable, et je les recommande aux instituteurs qui suivent la méthode simultanée. On dirait que l'auteur les a composés en vue de ce système d'enseignement.

MANUEL
DES
TABLEAUX DE MUSIQUE.

PREMIÈRE SÉRIE.

Tableau n° 1.

SIGNES DE L'ÉCRITURE MUSICALE. Pour écrire la musique, comme pour écrire la parole, on se sert de signes, dont l'ensemble forme une espèce d'alphabet musical. On les nomme *signes de notation*.

Parmi ces signes, les uns ont rapport à l'*intonation*, c'est-à-dire indiquent qu'un son doit être plus ou moins *aigu*, plus ou moins *grave*; les autres sont relatifs à la *durée*: ils indiquent qu'un son doit être plus ou moins *prolongé*, ou qu'il faut faire silence pendant un certain espace de temps.

Les sons écrits ou *notés* sont représentés par des signes qu'on appelle *notes*.

PORTÉE. Puisqu'il y a dans la nature des sons aigus et des sons graves, il faut pouvoir noter les uns et les autres de manière à ne pas les confondre. A cet effet, on a placé les notes sur une espèce d'échelle, composée de cinq lignes, et que l'on nomme *portée* (n° 1). On compte les lignes en partant de la ligne inférieure : ainsi la cinquième est la plus élevée. Par conséquent, le son écrit sur la première ligne sera le plus grave ; le son écrit sur la cinquième ligne sera le plus aigu.

La *portée* présente quatre *interlignes* ou espaces compris entre les lignes. Les interlignes reçoivent aussi des notes. Ainsi, le premier degré étant sur la première ligne, le second sera entre la première et la seconde, le troisième sur la seconde, etc. (n° 3).

En plaçant le premier degré au-dessous de la première ligne, et le dernier au-dessus de la cinquième, on a onze degrés. Mais cette échelle est trop courte, ou, en d'autres termes, la portée ne suffit pas pour recevoir tous les sons que peut parcourir la voix humaine, et surtout la plupart des instruments. Quand on veut noter un son plus aigu ou plus grave que ceux que la portée peut recevoir, on ajoute des lignes supplémentaires en aussi grand nombre qu'il est besoin. Mais l'on ne donne pas à ces lignes la longueur des autres : ce sont des fragments de lignes qui ne servent que pour une note, et qu'on répète pour chaque note qui l'exige (n° 2).

INTERVALLES. La distance d'un son à un autre se nomme *intervalle*. Les intervalles sont plus ou moins grands ; le plus faible intervalle que notre oreille puisse bien apprécier, et qui soit admis en musique, est l'intervalle d'un *demi-ton.* L'intervalle de deux demi-tons se nomme intervalle d'un *ton*.

GAMME. On appelle *gamme* une série de sons dont les intervalles sont disposés dans l'ordre suivant :

Du 1er au 2e degré	un ton.
Du 2e au 3e —	un ton.
Du 3e au 4e —	un demi-ton.
Du 4e au 5e —	un ton.
Du 5e au 6e —	un ton.
Du 6e au 7e —	un ton.
Du 7e au 8e —	un demi-ton.

La *gamme* comprend donc *cinq tons* et *deux demi-tons*. Les demi-tons sont placés du *troisième* au *quatrième* degré, et du *septième* au *huitième*.

On a donné un nom à chacun des degrés de la *gamme*. Pour la chanter, on articule successivement, avec les sept sons ci-dessus indiqués, les syllabes suivantes : *ut, ré, mi, fa, sol, la, si*. Les Italiens ont substitué la syllabe *do* à la syllabe *ut*.

Le huitième son, que l'on nomme *octave*, a beaucoup de rapport avec le premier, au point qu'il arrive à oreille peu exercée de les confondre. Cette ressemblance a fait donner à l'*octave* le même nom qu'à la première note, et l'*octave* d'*ut* est *ut*. Pareillement l'octave de *ré* est *ré*, l'octave de *mi* est *mi*, etc.

En conséquence, on peut, avec sept syllabes, nommer toutes les notes ou tous les sons imaginables. Si l'on *monte* ou si l'on va à l'aigu, arrivé au *si*, l'on recommencera une nouvelle gamme : *ut, ré, mi, fa, sol*, etc. Si l'on *descend* ou si l'on va au grave, arrivé à l'*ut*, on recommencera pareillement une nouvelle gamme, dans l'ordre inverse : *ut, si, sol, fa*, etc.

C'est ainsi qu'avec les noms des sept jours de la semaine, on peut compter les jours à l'infini, en avançant ou en rétrogradant :

En montant.		En descendant.	
ut	*lundi.*	ut	*lundi.*
ré	*mardi.*	si	*dimanche.*
mi	*mercredi.*	la	*samedi.*
fa	*jeudi.*	sol	*vendredi.*
sol	*vendredi.*	fa	*jeudi.*
la	*samedi.*	mi	*mercredi.*
si	*dimanche.*	ré	*mardi.*
ut	*lundi.*	ut	*lundi.*
ré	*mardi.*	si	*dimanche.*
mi	*mercredi*, etc.	la	*samedi*, etc.

Il faut donc savoir par cœur l'ordre ou la suite des notes, comme on sait l'ordre et la suite des jours de la semaine; car alors on les connaîtra toutes dès qu'on en connaîtra une. Si je sais que c'est aujourd'hui *dimanche*, je sais que ce sera demain *lundi*, que c'était hier *samedi*; de même, si je sais que la note placée sur tel degré est *ut*, je sais que *ré* devra se trouver immédiatement au-dessus, et *si* immédiatement au-dessous.

Il ne s'agit donc plus que d'assigner la place d'une seule note, puisque cette seule note déterminera la place de toutes les autres. C'est ce qui se fait par le moyen des *clefs*.

CLEFS. On appelle *clef* un signe placé au commencement de la portée, et qui attribue à telle ligne le nom d'une certaine note. Ce n'est qu'à l'inspection de la clef que l'on peut reconnaître et nommer les différentes notes assises sur la portée.

Il y a deux *clefs* principales, la clef de *sol* et la clef de *fa*. La *clef de sol* se pose sur la *seconde* ligne, la *clef de fa* sur la *quatrième* (n° 4). Les notes placées sur la même ligne que la clef portent le nom de la clef.

On fait encore usage d'une troisième *clef*, qu'on nomme *clef d'ut*. Elle se pose sur la *première*, la *troisième* et la *quatrième* lignes (n° 4).

La différence des clefs offre le moyen de renfermer à peu près dans les limites de la portée un morceau qui s'en éloignerait trop, et qui par conséquent demanderait trop de lignes supplémentaires, s'il n'y avait qu'une seule clef. Par exemple, la note placée immédiatement au-dessous de la portée, à la *clef de sol*, est *ré;* pour obtenir l'octave inférieure de ce *ré*, il faudrait ajouter quatre lignes supplémentaires. A la *clef de fa*, ce second *ré* se trouvera sur la *troisième ligne*.

Les cinq *ut* du n° 5, placés sur des degrés bien différents de la portée, représentent le même son.

A l'aide de la *clef de sol* et de la *clef de fa*, on peut écrire les sons les plus aigus et les sons les plus graves.

Comme la *clef de fa* n'est une ressource pour la *clef de sol* qu'au grave, et que les sons aigus peuvent s'élever bien au-dessus de la portée, pour éviter de multiplier les lignes supplémentaires, on note dans ce cas le passage une octave plus bas, et l'on indique, par un signe, qu'il faut exécuter une octave au-dessus. Ce signe est le chiffre 8 suivi d'un petit *a*, 8ᵃ (c'est-à-dire *octava*, octave), et d'une ligne tremblée, qui se prolonge au-dessus de toutes les notes qu'on doit élever d'une octave (n° 6). Quand on veut redescendre, on fait cesser la ligne tremblée, et l'on écrit le mot italien *loco*, qui veut dire *en place*.

Exemple de *gamme en montant* ou *ascendante*, et de *gamme en descendant* ou *descendante*, écrites à la *clef de sol* (n° 7).

NOMS DES INTERVALLES. Le premier degré de la gamme se nomme *tonique* ou *note du ton;* le troisième degré se nomme *médiante;* le quatrième, *sous-dominante;* le cinquième, *dominante;* le septième, *note sensible* ou simplement *sensible*. Le deuxième degré se nommait autrefois *sus-tonique*, et le sixième *sus-dominante*.

L'intervalle compris entre le premier degré de la gamme et le deuxième est un intervalle de *seconde*. Du premier degré au troisième il y a un intervalle de *tierce*, du premier degré au quatrième un intervalle de *quarte*, au cinquième un intervalle de *quinte*, au sixième un intervalle de *sixte*, au septième un intervalle de *septième*, au huitième un intervalle d'*octave* (n° 8).

Résumé des différents intervalles.

Du 1ᵉʳ degré au 2ᵉ, intervalle de *seconde*.
— au 3ᵉ — de *tierce*.
— au 4ᵉ — de *quarte*.
— au 5ᵉ — de *quinte*.
— au 6ᵉ — de *sixte*.
— au 7ᵉ — de *septième*.
— au 8ᵉ — d'*octave*.

A la seconde portée du n° 8, on trouvera les

intervalles suivants[1] : *ut, ré* (seconde); *ré, fa* (tierce); *ré, la* (quinte); *mi, ut* (sixte); *fa, sol* (seconde); *sol, ut* (quarte); *ut, ré* (neuvième); *ré, mi* (neuvième).

ACCIDENTS. Comme un ton est composé de deux demi-tons, un son intermédiaire peut être placé entre deux notes qui ont entre elles l'intervalle d'un ton : *ut, ré, — ré, mi, — fa, sol*, etc. Pour écrire le son contenu entre ces deux notes, *ut* et *ré*, on fait usage d'un signe qui élève d'un demi-ton la note devant laquelle il est placé. Ce signe se nomme *dièse*, et se figure ainsi, ♯. Conséquemment, en affectant l'*ut* d'un *dièse*, nous aurons le demi-ton compris entre *ut* et *ré*. Alors la note *ut* cesse d'être *naturelle*, elle est *diésée*; au lieu d'*ut*, on dit *ut dièse* (n° 9).

Mais au lieu de faire porter l'altération sur l'*ut*, on pourrait obtenir le même résultat en modifiant le *ré* : il faudrait alors baisser cette note d'un demi-ton. C'est ce qu'on opère à l'aide d'un signe nommé *bémol*, qui se figure ainsi, ♭, et qui a la propriété de baisser d'un demi-ton la note devant laquelle il se trouve (n° 9).

---

(1) Ces exemples seront insuffisants pour apprendre aux élèves à bien connaître les intervalles. Il faudra donc leur adresser beaucoup d'autres questions. Un excellent exercice consiste à écrire sur le tableau noir de nombreux intervalles qu'on leur fait nommer en les interrogeant successivement; ou bien encore, on leur donne la craie, et ils doivent écrire les intervalles qu'on leur dicte.

Quand on veut détruire l'effet du *dièse* ou du *bémol*, et faire que la note *altérée* redevienne *naturelle*, on emploie un troisième signe qui se nomme *bécarre*, ♮ (n° 9).

Ces trois signes sont appelés *signes accidentels* ou *accidents*, parce qu'ils modifient accidentellement l'intonation d'une note.

A l'aide du *dièse* et du *bémol*, on peut écrire les *douze demi-tons* contenus dans la gamme (n° 10). Ces deux gammes, qui procèdent par demi-tons, se nomment *chromatiques*, par opposition à la gamme *diatonique* ou *naturelle*, dont il a été question ci-dessus.

FIGURES DE NOTES. Les sons ont plus ou moins de *durée*. Pour indiquer cette différence, on a inventé *sept figures* de notes, qui ont chacune une valeur différente : la *ronde*, la *blanche*, la *noire*, la *croche*, la *double-croche*, la *triple-croche* et la *quadruple-croche* (n° 11).

La *ronde* est la plus grande des *valeurs* ; les autres en sont des subdivisions.

La *ronde* vaut 2 blanches, 4 noires, 8 croches, 16 doubles-croches, 32 triples-croches, 64 quadruples-croches.

Une *blanche* vaut 2 noires, 4 croches, 8 doubles-croches, 16 triples-croches, 32 quadruples-croches.

Une *noire* vaut 2 croches, 4 doubles-croches, etc.

Une croche vaut 2 doubles-croches, 4 triples-croches[1], etc.

TRIOLETS. Quelquefois la *croche* ne vaut que le *tiers* de la *noire*, au lieu d'en valoir la moitié, c'est-à-dire qu'il faut exécuter trois *croches* dans le même espace de temps qu'une *noire*. On indique cette circonstance par le chiffre 3 placé au-dessus ou au-dessous des notes dont on veut précipiter l'exécution. Les trois notes auxquelles appartient ce chiffre forment ce qu'on appelle un *triolet* (voir le 2ᵉ Tableau, dernière portée).

Le *triolet* est fréquent pour les *croches* et les *doubles-croches;* on en trouve aussi de *triples-croches* et de *noires*.

Quand on réunit ensemble deux *triolets*, on a un *double-triolet* ou *six-pour-quatre*. Il se marque par un 6 placé comme le 3 du *triolet*.

SILENCES. Les sons ne se succèdent pas toujours sans interruption. On peut vouloir introduire dans le chant certains repos, qu'il est nécessaire d'indiquer par des signes. Ces signes se nomment *silences*. Il y a *sept silences*, corres-

---

(1) On adressera beaucoup de questions sur ces substitutions des différentes valeurs les unes aux autres par le moyen des équivalents. On aura soin de mettre en défaut une récitation routinière, en abandonnant l'ordre successif, et en demandant par exemple : Combien une *ronde* vaut-elle de *croches*? Combien une *noire* vaut-elle de *doubles-croches*?

pondant aux sept figures de notes. Ces *silences* sont : la *pause*, la *demi-pause*, le *soupir*, le *demi-soupir*, le *quart de soupir*, le *demi-quart de soupir* et le *seizième de soupir* (n° 12).

La *pause* équivaut à une *ronde* (et à une mesure quelconque, ainsi qu'il sera dit plus tard). La *demi-pause* équivaut à la *blanche*, le *soupir* à la *noire*, le *demi-soupir* à la *croche*, le *quart de soupir* à la *double-croche*, le *demi-quart de soupir* à la *triple-croche* et le *seizième de soupir* à la *quadruple-croche*.

DU POINT. Le *point*, placé après une note, sert à en prolonger la *durée :* il l'augmente de la moitié de sa valeur. Ainsi une *blanche pointée* équivaut à trois noires, une *noire pointée* à trois croches [1], etc. (n° 13).

Une note présente quelquefois après elle *deux points* qui se suivent. Le premier point augmente la note de la moitié de sa valeur; le second augmente le premier point de la moitié de sa valeur, ou du quart de la valeur de la note : en somme, la note est augmentée des trois quarts de sa valeur. Deux points après une *blanche* valent *une noire*, plus *une croche*, ou *trois croches*.

---

(1) On adressera des questions sur la valeur des différentes figures de notes *pointées*, avec les précautions indiquées ci-dessus : Combien une *blanche pointée* vaut-elle de *doubles-croches?* etc.

On trouve aussi quelquefois un *point* après un *silence,* qui alors est augmenté de la moitié de sa valeur. Le *demi-soupir pointé* vaut 3 *quarts de soupir* (n° 13). Le *point* ne se met pas après la *pause* ni après la *demi-pause.*

MESURE. On appelle *une mesure* une durée plus ou moins longue que l'on prend pour unité. Quand le morceau est vif, l'unité de mesure est, en général, une plus courte valeur ; quand le morceau est lent, l'unité de mesure est une valeur plus longue.

Chaque *mesure* est renferméee entre deux *barres* qui traversent perpendiculairement la *portée.* Toutes les mesures d'un morceau sont égales.

La *ronde* et la *blanche pointée* sont les deux valeurs que l'on prend le plus souvent pour unité de mesure.

Une *mesure* se décompose en un certain nombre de parties égales, qu'on nomme *temps.* Cette division se fait en *deux* ou en *quatre* parties.

Quand on divise la *ronde* en deux parties, on a la *mesure à deux temps,* ou simplement la *mesure à deux.*

Quand on divise la *ronde* en quatre parties, on a la *mesure à quatre temps,* ou *à quatre.*

La *blanche pointée* se divise en trois parties : la mesure qui prend cette valeur pour unité se nomme *mesure à trois.*

Dans la *mesure à deux*, chaque temps est une *blanche;* dans la *mesure à quatre*, chaque temps est une *noire*, comme aussi dans la *mesure à trois*.

Ces trois différentes mesures s'indiquent par un chiffre ou une lettre placés au commencement d'un morceau après la clef. La mesure *à deux* se marque par un 2 ou un ₵ ; la mesure *à quatre* par un C, et la mesure *à trois* par un 3 (n° 14).

Ces trois mesures sont dites *simples*, parce qu'elles se marquent par un seul chiffre ou par une seule lettre.

On appelle *battre la mesure* marquer avec la main le premier temps de chaque mesure, c'est-à-dire frapper la première note qui se présente après une barre.

Pour battre la mesure *à deux,* on frappe le premier temps, et on lève le second.

Pour battre la mesure *à trois,* on frappe le premier temps, on porte le second à droite, et on lève le troisième.

Pour battre la mesure *à quatre,* on frappe le premier temps, on porte le second à gauche, le troisième à droite, et on lève le quatrième.

La première mesure d'un morceau peut n'être pas complète. Il faut alors, en battant la mesure, commencer par le *temps* qu'indiquent les valeurs contenues dans cette mesure incomplète.

Outre les mesures *simples*, il y a des mesures *composées*, qu'on marque par deux chiffres, dont l'un est placé au-dessous de l'autre.

Le chiffre inférieur indique en combien de parties la *ronde* a été partagée ; le chiffre supérieur indique combien de ces parties entrent dans la mesure.

Ainsi les chiffres $\frac{2}{4}$ nous apprennent que la *ronde* a été partagée en *quatre parties*, c'est-à-dire en *noires*, et qu'il entre dans la mesure *deux* de ces parties, ou *deux noires* (n° 14).

La mesure marquée par $\frac{3}{8}$ comprend *trois-huitièmes* de *ronde*, ou *trois croches*.

Ces mesures se nomment, d'après leurs chiffres : *Mesure à deux-quatre, mesure à trois-huit, à six-huit, à neuf-huit, à douze-huit, à trois-deux*, etc. (n° 14).

Les mesures *composées* se battent *à deux temps* quand le chiffre supérieur est pair, et *à trois temps* quand il est impair. La mesure *à douze-huit* se bat *à quatre temps*.

Tableau n° 2.

LONGS SILENCES. On altère quelquefois la mesure en prolongeant la durée d'une note par un signe que l'on place au-dessus ou au-dessous d'elle. Ce signe se nomme *point d'orgue*.

Il peut affecter toutes les valeurs (n° 15). Le même signe placé sur les silences se nomme *point d'arrêt*.

Il y a des *silences* d'une plus longue durée que la *pause*. On nomme *bâton* une barre épaisse et perpendiculaire, qui embrasse une ou deux interlignes, et qui, suivant sa longueur, équivaut à *deux* ou à *quatre pauses*. A l'aide de ces deux *bâtons* et de la *pause*, on peut indiquer le silence d'un nombre quelconque de mesures (n° 15).

CLEFS ARMÉES. Quand on veut donner pour point de départ à la gamme un autre son que le son *ut*, il faut altérer certains intervalles de la gamme d'*ut*, pour conserver dans la nouvelle gamme les mêmes rapports entre les différents degrés. Ces altérations se font au moyen des *signes accidentels* ; et comme elles sont permanentes dans la gamme que nous supposons, au lieu de répéter dans tout le courant du morceau le *signe* ou les *signes accidentels*, on les met une fois pour toutes à la clef. On dit alors qu'il y a *un*, *deux* ou *trois dièses*, etc., à la clef, *un*, *deux*, ou *trois bémols* à la clef, ou que la clef est *armée* de *dièses*, ou de *bémols*.

Les *dièses* et les *bémols* se placent à la clef dans un ordre rigoureux. Le premier *dièse* étant donné, les autres suivent de *quinte* en *quinte* en montant ; le premier *bémol* étant donné, les autres suivent de *quarte* en *quarte* en montant.

Il y a sept *dièses* et sept *bémols*.

Les *dièses* sont : *fa, ut, sol, ré, la, mi, si* (n° 16).

Les *bémols* sont : *si, mi, la, ré, sol, ut, fa* (n° 17).

Chaque nombre différent de *dièses* placés à la clef donne une nouvelle *gamme* ou un nouveau *ton*.

Il est rare qu'on mette à la clef plus de *cinq dièses* ou *cinq bémols*.

1 dièse à la clef donne le *ton* de *sol*.
2 dièses — — de *ré*.
3 dièses — — de *la*.
4 dièses — — de *mi*.
5 dièses — — de *si*.
6 dièses — — de *fa* ♯.
7 dièses — — d'*ut* ♯.

De même pour les *bémols*,

1 bémol à la clef donne le *ton* de *fa*.
2 bémols — — de *si* ♭.
3 bémols — — de *mi* ♭.
4 bémols — — de *la* ♭.
5 bémols — — de *ré* ♭.
6 bémols — — de *sol* ♭.
7 bémols — — d'*ut* ♭.

Lorsqu'entre deux notes *diésées* il y a l'intervalle *d'un ton*, et qu'on veut obtenir le *demi-ton* intermédiaire, on place devant la note inférieure un signe qu'on nomme *double-dièse*, et qui l'élève de *deux demi-tons* ou *d'un ton* (n° 18).

Lorsqu'entre deux notes *bémolisées* il y a l'intervalle d'*un ton*, et qu'on veut obtenir le *demi-ton* intermédiaire, on place devant la note supérieure un signe qu'on nomme *double-bémol*, et qui l'abaisse de *deux demi-tons* ou d'*un ton* (n° 18).

Quand on veut détruire l'effet d'un *double-dièse* ou d'un *double-bémol*, et rétablir le *dièse* ou le *bémol* simples, on place devant la note un *dièse* ou un *bémol*, quelquefois un *dièse* ou un *bémol* précédés d'un *bécarre*, ♮♯, ♮♭.

LIAISON. On appelle *liaison* une ligne courbe, qui, placée entre deux notes qui sont sur le même degré, ou *à l'unisson*, indique qu'il n'en faut articuler qu'une. Le son doit alors être prolongé pendant la durée des deux valeurs réunies (n° 19).

SIGNES D'EXPRESSION. Le signe ⟨ indique qu'il faut appuyer sur une note, enfler le son, si elle a une longue valeur ; c'est le *crescendo* d'une phrase courte, ou même d'une seule note. Le signe ⟩ opère un effet contraire. Le signe ⟨⟩ indique qu'il faut enfler le son, puis le diminuer ; ce qui s'appelle *filer* le son (n° 20).

NOTES D'AGRÉMENT. Le n° 21 renferme les différentes *notes d'agrément* ou *petites notes* qui sont considérées comme des agréments de la note principale. Elles ne comptent pas dans la mesure.

1° L'*appoggiature* (prononcez *appodgiatoure*) est une petite note que l'on place devant la note principale, à la distance d'un ton ou d'un demi-ton. La durée de l'*appoggiature* est, en général, la moitié de la note principale.

2° Les *petites notes simples* ou *doubles*. Elles s'exécutent rapidement, de manière à ne pas altérer sensiblement la durée de la note principale.

3° Les *gruppetti* (petits groupes), ou assemblages de trois notes, s'exécutent rapidement avant la note principale.

4° Le *gruppetto* se prend quelquefois sur la note précédente.

5° Il s'écrit aussi en abrégé par le signe ∾.

6° Le *trille*, nommé improprement *cadence*, est un agrément qui consiste à passer d'une note à la note supérieure qui la touche immédiatement, et à revenir ensuite sur la première, en continuant le même effet pendant un temps plus ou moins long. Il dure pendant toute la valeur de la note qu'il surmonte [1].

7° *Trille* suivi de petites notes.

8° *Mordent*, ou fragment de *trille* qui affecte une note de courte durée.

---

(1) Donner à l'élève, avec la voix ou un instrument, une idée de l'effet du *trille*.

9° *Port-de-voix*, qui consiste à passer en glissant d'une note à la suivante, sur laquelle on anticipe.

NOTES LIÉES, DÉTACHÉES. Une *liaison*, couronnant plusieurs notes différentes, indique qu'elles doivent être *liées* ou *coulées*. Des notes surmontées d'un point, ou d'un point un peu allongé verticalement, doivent être *coupées* ou *détachées* (n° 22).

RENVOI. On appelle *renvoi* un signe qui a la forme suivante ℅, et qui se place au-dessus de la portée. Il indique qu'il faudra recommencer le morceau à l'endroit où il se trouve marqué pour la première fois, quand on le verra reparaître une seconde (n° 23).

Après cette reprise, on s'arrêtera au mot *fin* ou *fine* (prononcez *finé*). Les lettres *D. C.*, qui accompagnent quelquefois le *renvoi*, sont une abréviation des mots italiens *da capo*, et signifient qu'il faut reprendre au commencement.

Quand la double barre placée à la fin d'un morceau de musique, ou seulement d'une période musicale, a deux points à gauche, il faut répéter ce qui précède; quand les deux points seront à droite, on devra répéter ce qui suit; quand les deux points se trouveront des deux côtés de la double barre, on dira deux fois ce qui précède et ce qui suit. Dans les deux premiers cas, il y a une *reprise simple*, dans le dernier il y a une *double reprise* (n° 23).

GUIDON. On appelle *guidon* un petit signe placé à la fin d'une portée, sur le degré où se trouvera la note qui doit commencer la portée suivante (n° 24). A la vue de ce signe, on sait d'avance que la note suivante sera *la*.

Le *guidon* n'est plus guère en usage.

RÉSUMÉ. Dans ce résumé se trouvent réunis tous les principaux caractères de l'écriture musicale. On les nommera les uns après les autres : *Clef de sol, mesure à deux temps, renvoi, ut ronde*[1]*,* etc.

Tableau n° 3.

Le n° 1 présente une suite diatonique de notes qui parcourent une étendue de près de trois octaves[2].

---

[1] Après avoir fait appeler successivement ces différents signes, on continuera l'exercice en les prenant au hasard ; on demandera en même temps l'usage de chacun. Beaucoup de questions pourront ressortir de cet exemple : Comment telle mesure équivaut-elle à une **ronde ?** Pourquoi un *si bécarre* au commencement de la troisième mesure, et un *ut bécarre* au commencement de la quatrième ? etc.

[2] Après avoir fait nommer ces notes de suite, on continuera l'exercice en les prenant au hasard.

Dans le n° 2 et le suivant, il ne faudra nommer que les *rondes*. Les petites notes noires ne sont là que pour servir de guides, en indiquant les notes intermédiaires; elles ont été supprimées dans la seconde partie de l'exemple.

Le n° 3 renferme de plus grands intervalles. Les petites notes serviront encore de guides; elles sont supprimées dans la seconde partie de l'exemple.

Dans le n° 4, toutes les notes doivent être nommées. Cet exemple aura besoin d'être répété bien des fois, parce qu'il présente des intervalles fort divers[1]. Il sera bon aussi de faire commencer par la fin et épeler à rebours.

Tableau n° 4.

Ce tableau a pour objet d'apprendre à analyser les principales *mesures*, c'est-à-dire à rendre compte des différentes valeurs qui forment, par leur réunion, la valeur choisie pour unité de mesure.

L'exemple n° 1 est à la mesure *à quatre temps*. Il faut une *ronde* ou sa valeur pour chaque *mesure*,

---

(1) A ces lectures le maître en ajoutera d'autres, pour lesquelles il emploiera les Tableaux suivants, ou des pages quelconques de musique gravée, ou encore des exercices que tantôt il écrira lui-même, tantôt il fera écrire à l'élève sur un tableau, un papier ou une ardoise.

une *noire* pour chaque *temps*. A la première portée, les différents temps sont marqués par des chiffres.

Le n° 2 est à la mesure à *deux-quatre*, petite mesure à deux temps. Il faut une *blanche* pour chaque mesure, une *noire* pour chaque temps. A la première portée, les différents temps sont marqués par des chiffres.

Cet exemple est le même que le précédent, excepté que dans le premier les valeurs sont doubles. Dans celui-ci, la *blanche* a remplacé la *ronde*, la *noire* a remplacé la *blanche*, etc. L'exemple n° 1 deviendrait exactement pareil au second, si, au lieu d'être à la mesure *à quatre*, il était à la mesure *à deux*, marquée par un ₵ ou par un **2**.

Le n° 3 est à la mesure à *trois temps*. Il faut une *blanche pointée* ou sa valeur pour chaque mesure, une *noire* pour chaque *temps*. A la première portée, les différents temps sont indiqués par des chiffres.

Le n° 4 est à la mesure à *trois-huit*, petite mesure à trois : une *noire pointée* pour chaque mesure, une *croche* pour chaque *temps*.

Cet exemple est le même que le précédent, excepté que dans le premier les valeurs sont doubles. Dans celui-ci, la *noire pointée* a remplacé la *blanche pointée*.

Le n° 5 est à la mesure à *six-huit*. Il faut *six croches* ou une *blanche pointée* pour la mesure entière. Elle se bat à deux temps; chaque temps est une *noire pointée*. A la première portée, les différents temps sont marqués par des chiffres[1].

Tableau n° 5.

Dans ce Tableau les barres qui séparent ordinairement chaque mesure ont été omises à dessein, afin de les faire rétablir.

Le n° 1 est à la mesure *à quatre*. On dira:

PREMIÈRE MESURE : *ut ronde;*

DEUXIÈME MESURE : *si blanche, ut blanche;*

TROISIÈME MESURE : *ré blanche, mi noire, ré noire.*

Et ainsi de suite [2] :

---

(1) On complétera cet exercice en faisant analyser quelques-uns des Tableaux suivants, ou rendre compte, sous le même rapport, d'une page de musique quelconque, ou écrire diverses combinaisons de valeurs dans toutes les mesures.

(2) Il sera plus commode de faire transcrire ces exemples sur un tableau ou du papier, et marquer à la craie ou à la plume les divisions de mesures.

Il sera bon aussi de créer, avec le même exemple, des combinaisons toutes nouvelles, en mettant au commencement une *demi-pause*. On aura soin alors de faire unir par une *liaison* les deux *blanches* qui remplaceront la *ronde*, comme aussi de faire séparer les *croches* et *doubles-croches* réunies quand le groupe se trouvera, par suite de ce changement, appartenir à deux mesures différentes.

Enfin, on pourra faire diviser le même exemple à la mesure à *deux-quatre*, laquelle aura *une blanche* pour unité.

L'exercice n° 2 est analogue au précédent[1].

EXERCICES DE MESURE.

Tableau n° 6.

Ici commencent les *Exercices de mesure*, qui se continueront jusqu'au 25ᵉ Tableau inclusivement.

Observation essentielle. Pour ce Tableau, comme pour les suivants, on devra faire répéter aux élèves le même numéro jusqu'à ce qu'ils le disent sans faute, et ne passer au Tableau suivant que lorsque le précédent sera bien su.

Ce sixième Tableau ne présente que des *rondes* et des *blanches* : il est d'une exécution très facile.

Le n° 1 n'est autre chose que la *gamme*, écrite avec une seule figure de note, *la ronde*.

Le n° 2 ne diffère du premier qu'en ce que les mesures présentent alternativement une *ronde*, puis *deux blanches à l'unisson*.

Le n° 3 n'est autre chose que la *gamme*, écrite avec une seule figure de note, *la blanche*.

Les nᵒˢ 4 et 5 offrent le mélange de *rondes* et de *blanches* (non à l'unisson).

---

[1] On pourra également le faire transcrire à la mesure à **trois-huit**.

Au n° 6, deux *rondes* sont *liées*, c'est-à-dire qu'il ne faut en articuler qu'une seule, en soutenant le son pendant *deux mesures*[1].

Les n°s 7 et 8 offrent des *blanches liées* ; les n°s 9 et 10, des *rondes liées* avec des *blanches* et des *blanches liées* avec des *rondes*.

Le *résumé* contient les différentes combinaisons qui ont été successivement présentées dans tous les numéros.

Tableau n° 7.

Ce Tableau renferme les mêmes valeurs que le précédent. Il présente de plus la *pause*, valant *une ronde*, et la *demi-pause*, qui vaut toujours *une blanche*.

On commencera par compter tout haut les *quatre temps* de la *pause* : *Un, deux, trois, quatre,* et les *deux temps* de la *demi-pause* : *Un, deux* ; ensuite on les comptera tout bas, en continuant le mouvement de la main.

---

(1) Suivant les progrès des élèves, il faudra faire précipiter le mouvement de ces différentes leçons : on pourra remplacer la mesure *à quatre* par la mesure *à deux*. Pour le n° 6, on fera d'abord accélérer le mouvement, ce qui sera plus facile et moins fatigant pour la voix.

Tableau n° 8.

Dans ce Tableau, il est fait usage de la *noire* et des deux autres valeurs déjà employées.

On subdivisera les exemples du n° 1, et l'on répétera plusieurs fois chacune des gammes terminées par une double barre ou comprises entre deux doubles barres. Quand on sera arrivé à la fin de chaque gamme, on fera, avant de reprendre, un petit repos, qui n'est pas indiqué.

En exécutant ces différentes subdivisions, on trouvera des gammes dont la première mesure sera incomplète, et qu'il faudra commencer *en levant*. Cet exercice servira pour la pratique; car souvent des morceaux commencent en levant.

Quand on possédera chacune des gammes comprises sous un même numéro, on le reprendra en entier, pour le dire de suite.

On subdivisera de la même manière tous les numéros qui offriront une ou plusieurs doubles barres [1].

---

[1] Nous recommanderons encore une dernière fois de faire précipiter le mouvement et battre la mesure *à deux*, quand l'exercice aura été exécuté d'une manière satisfaisante dans un mouvement lent et à la mesure indiquée.

Tableau n° 9.

Ce Tableau ne contient que les valeurs précédemment employées ; il présente de plus la *syncope* et la *liaison*.

Dans la mesure à *quatre*, il y a, en général, deux temps *forts*, le *premier* et le *troisième ;* deux temps *faibles*, le *deuxième* et le *quatrième*. Ces nuances doivent être observées, à moins qu'un signe particulier ne vienne indiquer que le *deuxième* ou le *quatrième* temps doit être *fort*. Ce signe, qui se figure ainsi, >, a été donné au n° 20 du 2ᵉ Tableau.

Cependant, sans qu'il soit besoin de faire usage de ce signe, il est établi que la *syncope* convertit le *premier* temps en temps *faible* et le *deuxième* en *fort*. Dans ce cas, la *noire* du premier temps (n° 1) s'exécute comme si elle était surmontée d'un *point* (voir le n° 22 du 2ᵉ Tableau), ou même comme si elle était une *croche* suivie d'un *demi-soupir*. En abrégeant ainsi le premier temps, on appuie d'une manière plus sensible sur le *deuxième*.

Dans une suite de *syncopes*, lorsqu'il se trouve alternativement une *blanche* et deux *noires liées* (comme on le voit dans la gamme de la troisième portée), le *deuxième* temps devient le temps *fort*, ainsi qu'il vient d'être dit : le *quatrième* temps devient également le temps *fort*, au lieu du *troisième*.

On exécutera les *liaisons* du n° 2 et suivants en soutenant le son pendant la somme des différentes valeurs indiquées, sans secousse et sans donner de coup de gosier, lorsqu'on frappera une nouvelle mesure.

Au n° 7, les *noires* du *quatrième* temps, *liées* avec le *premier* temps de la mesure suivante, forment un temps *fort* au *quatrième* temps.

Tableaux n^{os} **10** *et* **11**.

Ces deux Tableaux roulent sur le *soupir*.

On commencera par compter tout haut : *Ut, un, ré, un,* etc. Ensuite on comptera le *soupir* tout bas, en continuant de battre la mesure.

On reprendra l'exécution du numéro après chaque double barre, ainsi qu'il a été précédemment indiqué.

11e *Tableau*. Quand on trouvera *deux demi-pauses,* comme au milieu de la première portée, il vaudra mieux dire : *un, deux, un, deux,* que, *un, deux, trois, quatre,* comme on dirait s'il y avait une *pause*.

De même, au n° 7, on dira : *Ut, un, deux, un,* plutôt que, *ut, un, deux, trois*.

Cependant au n° 2, on dira : *Un, ut, ré, un, deux, mi, fa,* parce que *un, un,* serait trop dur.

Tableau n° 12.

On voit dans cet exercice le *point*, valant *un temps* ou *une noire*.

Pour exécuter la *blanche pointée*, on soutiendra le son pendant *trois temps*, sans coup de gosier.

La gamme qui commence au milieu de la troisième portée présente une *noire* suivie d'une *blanche pointée*. Dans ce cas, le *deuxième* temps est un temps *fort*.

De même, à la première mesure du n° 6, le *quatrième* temps est un temps *fort*.

Tableau n° 13.

Ce Tableau a pour objet de familiariser avec les *croches*.

Il y a *huit croches* pour la mesure entière, *deux croches* pour chaque temps.

Les *croches* sont tantôt séparées, tantôt réunies par *deux*, par *trois*, par *quatre*. Dans le chant, on sépare les *croches* si chacune porte une syllabe ; on réunit celles qui servent à la même syllabe, sans pourtant en réunir plus de *quatre* (hors le cas du *six-pour-quatre*, où *six croches* peuvent être groupées).

Tableau n° 14.

Ce Tableau ne présente que les valeurs déjà

connues, auxquelles se joint le *demi-soupir*, silence correspondant à la *croche*.

On commencera par compter le silence tout haut, ainsi qu'il a été précédemment indiqué : *Ut, un, ré, un, mi, un, fa, un*, etc. Ensuite on comptera tout bas.

Tableaux n^{os} **15 et 16.**

Ces deux tableaux sont consacrés à la mesure à *trois temps*.

Il n'y est fait usage que de valeurs et de silences déjà connus.

Le n° 9 commence *en levant;* les *deux croches* forment *un temps*. — La gamme de la deuxième portée commence par *une croche* qui est seule dans la mesure. On commencera donc *en levant*, et l'on ne fera qu'*un demi-temps* pour l'*ut*. On battra de la même manière toutes les fois qu'on reprendra cette gamme séparément.

Dans la mesure *à trois*, il n'y a de temps *fort* que le premier, à moins qu'on n'indique par un signe particulier que le temps *fort* est déplacé, ou qu'une même mesure en a plusieurs. Cependant, au n° 10, le *troisième temps* (qui offre une *noire* liée avec le premier temps de la mesure suivante) devient temps *fort*, et le *premier temps* de la mesure suivante devient temps *faible*. Il en est de même pour le n° 11. Il a été parlé ci-dessus de ce déplacement des temps *forts* à la mesure *à quatre*.

Le n° 16, qui rompt entièrement le rhythme de la mesure *à trois*, présente les temps *forts* dans l'ordre suivant : *Premier temps, troisième,* | *deuxième,* | *premier, troisième,* | *deuxième,* etc.

Tableaux n°s 17 et 18.

Ces deux Tableaux sont des exercices sur le *triolet*.

A la mesure *à quatre*, il y a *douze croches*, au lieu de *huit*, pour la mesure entière.

Il faut ici appuyer sur chaque temps, ou sur la première note de chaque *triolet* (n° 1). Il y a *quatre* temps *forts*.

Pareillement, au n° 2, on appuiera sur chaque *noire*. En battant la mesure, on fera bien de diviser la *noire* en *deux croches*, et d'indiquer deux petits mouvements. On divisera de même la *blanche* en *six* (et non en *quatre*), la *blanche pointée* en *neuf* (et non en *six*) : le *soupir* en *trois*, la *demi-pause* en *six*, etc.

Au n° 3, il n'y a qu'un temps *fort*, qui est le *premier*, pour la première gamme, le *second* pour la seconde.

Au n° 4, il y a deux temps *forts*, le *premier* et le

troisième pour la première gamme, le *deuxième* et le *quatrième* pour la seconde.

Aux n° 9 et suivants, le *demi-soupir* ne vaut plus qu'un *tiers* de temps, au lieu d'en valoir la *moitié*. Il participe de la nature du *triolet*.

Pareillement, au n° 10, les deux *demi-soupirs* valent *deux tiers* de temps. Dans ce cas on ne les remplace point par un *soupir*.

Les nᵒˢ 11 et 12 présentent une difficulté à laquelle il faudra donner une sérieuse attention : c'est le mélange de croches conservant toute leur valeur avec des croches en *triolet*.

Les remarques faites pour la mesure *à quatre* serviront pour les exemples à la mesure *à trois*.

Tableau n° 19.

Il n'y a rien de nouveau à dire pour ce Tableau. La mesure *à deux-quatre* ne diffère de la mesure *à deux*, la mesure *à trois-huit* ne diffère de la mesure *à trois*, que par la figure des notes et la rapidité de l'exécution. Quand on possédera les mesures *simples*, on saura les mesures *composées*.

Tableau n° 20.

Cet exercice roule sur la mesure *à six-huit*.
Six croches pour la mesure entière; *deux temps*; *trois croches* en frappant, *trois* en levant.

Les deux temps sont temps *forts* (excepté quand une même valeur, la *blanche pointée*, remplit la mesure, et quand une *liaison* empêche d'articuler une note placée au premier ou au second temps).

Au n° 2, on appuiera sur la première note de chaque groupe de trois croches. Au n° 3, on appuiera sur chaque *noire*.

Au n° 5, la première note de la *deuxième*, de la *troisième* mesure et suivantes, devient temps *faible*, à cause de la *liaison*. A la gamme descendante, la première note est *faible*, quoiqu'elle soit sur le *frappé* : il faut appuyer sur la *noire* qui la suit ; la troisième note est *faible*, quoiqu'elle soit sur le *levé* : il faut appuyer sur la *noire* qui suit.

Tableau n° 21.

Cet exercice roule sur les *noires syncopées*, et diverses combinaisons de *noires*, de *croches* et de *silences*.

L'exercice sur les *blanches syncopées* (Tableau n° 9) a dû donner déjà le sentiment de la *syncope*.

Au n° 1, le *premier temps* se compose de la *croche* et de la moitié de la *noire* qui suit ; le *deuxième temps* se compose du reste de la *noire* et de la moitié de la suivante, etc. Il faut appuyer sur le milieu de chaque temps, c'est-à-dire ici sur chaque *noire*. — La gamme de la troisième portée commence par un *demi-soupir*, qui forme un *demi-temps*; il faut appuyer sur la *noire* qui suit, et qui fait *syncope*.

Au n° 2, les *silences* sont multipliés : on devra bien faire attention pour distinguer le *soupir* et le *demi-soupir*. — A la dernière portée, il y a des *noires syncopées* entre deux *silences*.

Au n° 3, la note *forte* du *triolet* est la *troisième*. — A la dernière portée, on voit des *croches* conservant leur valeur, et d'autres en *triolet*; dans cet exemple, le *demi-soupir* vaut tantôt la moitié, tantôt le tiers d'une *noire*.

Tableaux n°s 22 et 23.

Cet exercice roule sur les *doubles-croches*.

On commencera par battre la mesure très lentement. On subdivisera les temps en deux.

On répétera plusieurs fois, comme précédemment, chacune des gammes comprises sous le même numéro.

Au n° 2, l'avant-dernière gamme présente une *blanche syncopée*, sur laquelle il faut par conséquent appuyer; le deuxième temps est ici *temps fort*. La dernière gamme est écrite d'une manière différente en montant et en descendant : ces deux manières sont équivalentes ; la première est la plus usitée [1].

Le n° 6 et les suivants renferment le *quart de soupir*, silence correspondant à la *double-croche*.

A la première gamme du n° 8, c'est sur le milieu des temps, sur la *croche liée*, qu'il faut appuyer.

Au n° 9, les *croches* sont *syncopées*. Le *premier* temps se compose de l'*ut*, du *ré* et de la moitié du *mi* ; le *deuxième* se compose de la moitié du *mi*, puis du *fa* et du *sol*. — La gamme de la deuxième portée présente des *syncopes* de *noires* et de *croches*. — Les deux gammes suivantes ont des *croches syncopées* précédées d'un *quart de soupir*.

Au n° 10, on voit des *triolets* et des *six-pour-quatre*. Dans l'exécution de ces *doubles-croches*, il faut avoir bien soin d'appuyer sur les premières notes de *deux en deux*, et non de *trois en trois* ; autrement il n'y aurait plus d'analogie entre ce *six-pour-quatre* et le *triolet*.

Tableau n° 24.

Ce Tableau présente, à la mesure *à trois*, des difficultés qui ont déjà été étudiées à la mesure *à quatre*.

---

(1) Le n° 5 contient des *triples-croches* ; mais elles sont dans ce cas d'une exécution très facile, et elles ne méritent pas de figurer dans le Tableau consacré à l'étude de cette valeur.

Tableau n° 25.

Le n° 1 présente des *croches en triolet* mêlées avec des *doubles-croches*. Il faut bien insister sur ces exercices, qui sont d'une exécution difficile.

Le n° 2 présente des *doubles-croches* avec des *six-pour-quatre*.

Le n° 3 et les suivants roulent sur les *triples-croches*.

On commencera par battre la mesure très lentement ; on subdivisera les temps en deux.

Au n° 3, le *premier* temps se compose des *huit triples croches* ; la *noire* forme le *deuxième*, etc.

Au n° 5, on voit un *demi-soupir* suivi d'un *quart de soupir*, et un peu plus loin, un *demi-soupir* suivi d'un *point*. Ces deux notations sont équivalentes.
— A la deuxième gamme et aux suivantes, il est fait usage du *demi-quart de soupir*, silence correspondant à la *triple-croche*[1].

(1) On n'a pas cru devoir poursuivre ces exercices jusqu'aux *quadruples-croches*, dont l'emploi est très rare à la mesure *à quatre*. Si elles se rencontrent assez fréquemment dans les mouvements lents de la mesure *à deux-quatre*, on observera que, dans ce cas, elles ne sont autre chose que les *triples-croches* de la mesure *à quatre*.

DEUXIÈME SÉRIE.

EXERCICES D'INTONATION.

Tableaux n°ˢ **26, 27** *et* **28**.

Ces trois Tableaux roulent sur l'intervalle de *seconde*.

Les *Exercices de mesure* ont déjà familiarisé avec cet intervalle ; mais ils procédaient constamment par des gammes ascendantes et descendantes ; on trouvera ici un emploi plus varié de l'intervalle de seconde.

Il faudra, comme pour la première série, prendre d'abord un mouvement assez lent, puis l'accélérer [1] peu à peu. On répétera séparément les divers exercices terminés par une double barre.

Le n° 5 commence par un *mi*, ou la *médiante* de la gamme d'*ut*. On trouvera cette note au moyen de l'*accord parfait*.

---

(1) Comme cette deuxième série offre peu de difficultés de mesure, nous avons adopté de préférence la mesure *à deux*. Cependant il conviendra de faire battre d'abord la mesure *à quatre*, surtout pour les exemples un peu chargés de notes.

Le n° 6 commence par un seul temps, en levant.

Le n° 9 est dans la gamme de *sol,* ou en *sol.* Le dièse placé à la clef rend la gamme de *sol* exactement pareille à la gamme d'*ut;* la seule différence, c'est que la première est plus élevée que la seconde. Ainsi les deux phrases :

Sol, la, si, la, sol, fa, sol.
Et, *Ut, ré, mi, ré, ut, si, ut.*

offrent les mêmes intervalles ; les tons et les demi-tons sont précisément à la même place [1].

Le n° 10 est dans le ton de *ré.* Les *deux dièses* à la clef rendent la gamme de *ré* semblable à la gamme d'*ut* [2].

Le n° 11 est dans le ton de *fa.* Par le moyen du *bémol à la clef,* cette gamme fait à l'oreille l'effet de la gamme d'*ut.*

Il est à propos de dire ici quels sont les différents tons déterminés par l'emploi des *dièses* et des *bémols* à la clef.

Quand il y a *un dièse* à la clef, la note du ton

---

(1) Avant d'aller plus loin, il faudra que l'élève comprenne bien que la gamme de *sol,* celles de *ré* et de *fa* qui suivent, ne sont que des gammes d'*ut* transposées. Alors il ne s'effraiera plus de voir les clefs armées : il ne s'agit pas encore ici de la difficulté des *accidents.* On devra lui faire faire, avant de commencer, des gammes ou des fragments de gammes, et l'accord parfait, afin qu'il se pose bien dans le ton.

(2) Il sera bon de noter ou faire noter ces leçons en différents tons; par exemple, celle-ci en *ut* ou en *mi* ♭. On aura par là, et très facilement, des exercices tout nouveaux et très profitables.

ou la *tonique* est la note immédiatement placée au-dessus du *dièse*, c'est-à-dire *sol*. Quand il y a plusieurs *dièses* à la clef, la note du ton est la note placée au-dessus du dernier. Par exemple, s'il y a *trois dièses* à la clef, comme le dernier *dièse* sera *sol*, la tonique sera *la*.

Quand il y a un *bémol* à la clef, la *tonique* est placée une *quarte* au-dessous de ce *bémol*; cette tonique est *fa*, puisque le *bémol* est *si*. Quand il y a plusieurs *bémols* à la clef, la note du ton est placée une *quarte* au-dessous du dernier bémol. Par exemple, s'il y a *trois bémols* à la clef, le dernier bémol sera *la*, et la tonique *mi* ♭.

Nous allons donner un tableau synoptique des différents *tons*.

Clef non armée.

Ton d'*ut*.

Clef avec des dièses.

Ton de *sol*. . . . . 1 dièse.
— de *ré*. . . . . 2 dièses.
— de *la*. . . . . 3 dièses.
— de *mi*. . . . . 4 dièses.
— de *si*. . . . . 5 dièses.
— de *fa* ♯. . . . 6 dièses.

Il n'est pas d'usage de mettre *sept dièses* à la clef.

Clef avec des bémols.

Ton de *fa*. . . . . 1 bémol.
— de *si* ♭. . . . 2 bémols.
— de *mi* ♭. . . . 3 bémols.
— de *la* ♭. . . . 4 bémols.
— de *ré* ♭. . . . 5 bémols.
— de *sol* ♭. . . . 6 bémols.

Il n'est pas d'usage de mettre *sept bémols* à la clef.

Tableaux n°s 29, 30 et 31.

Ces trois Tableaux roulent sur l'intervalle de *tierce*.

On remarquera que ces Tableaux et les suivants, en même temps qu'ils présentent un nouvel intervalle, exercent aussi sur ceux qui ont été vus précédemment. Ainsi l'on retrouvera ici l'intervalle de *seconde*; et lorsqu'on étudiera l'intervalle de *quarte*, on le verra mêlé aux intervalles de *seconde* et de *tierce*.

Pour apprendre à exécuter l'intervalle de *tierce*, il faut rétablir le degré qui a été supprimé, c'est-à-dire passer par la *seconde* pour arriver à la *tierce*. Cette opération s'appelle *décompter*.

Le n° 1 présente cette marche facile; quand on

sera embarrassé dans les exemples suivants, on trouvera l'intonation en *décomptant*.

Le n° 8 est dans le ton de *fa ;* le n° 9 dans le ton de *sol ;* le n° 10 dans le ton de *mi* ♭, suivant ce qui a été dit précédemment.

*Tableaux n°*ˢ **32** *et* **33**.

Ces deux Tableaux roulent sur l'intervalle de *quar e*.

Le n° 1 fait passer par les degrés intermédiaires, en sorte que l'exécution de l'intervalle de *quarte, ut, fa,* n'offre plus de difficulté. La voix reproduit par écho la dernière note de la suite diatonique.

Dans les autres exemples, quand on sera embarrassé par quelques intonations, on les trouvera en *décomptant,* ainsi que nous l'avons indiqué pour la *tierce ;* et en général cette opération sera d'autant plus nécessaire que les intervalles deviendront plus éloignés et plus difficiles.

Le n° 4 est en *si* ♭ ; le n° 6 en *la*.

*Tableaux n°*ˢ **34** *et* **35**.

Ces deux tableaux roulent sur l'intervalle de *quinte*.

On *décomptera* au besoin, ainsi qu'il a été indiqué précédemment.

Le n° 6 est en *ré;* il commence par *fa* ♯, médiante du ton de *ré;* on trouvera facilement cette note en *décomptant* à partir de la tonique, ou en faisant *l'accord parfait.*

Le n° 7 est en *fa.*

Tableaux n°ˢ 36 et 37.

Ces deux Tableaux roulent sur l'intervalle de *sixte.*

Pour résoudre les difficultés d'intonation qu'ils peuvent présenter, on fera usage de la méthode indiquée précédemment.

Le n° 4 commence par la *médiante,* ainsi que le n° 5.

Le n° 6 est en *sol;* le n° 7 en *ré* : il commence par la *médiante.*

Le n° 8 est en *si* ♭.

Tableau n° 38.

Ce Tableau roule sur l'intervalle de *septième.*

Cet intervalle est un des plus difficiles, et il faut en faire une étude attentive.

Le n° 3 est en *fa;* le n° 4 en *sol.*

Tableau n° 39.

Ce Tableau roule sur les intervalles d'*octave* et de *neuvième*.

L'intervalle d'*octave* est un de ceux dont l'intonation est le plus facile.

Le n° 2 commence par la *dominante* : on trouvera l'intonation en *décomptant* à partir de la tonique *ut*, ou plus simplement en faisant l'*accord parfait*.

Le n° 3 est en *si* ♭; le n° 4 en *mi* ♭.

L'intervalle de *neuvième* (n° 5) est difficile, mais l'emploi en est peu fréquent.

Tableaux n°ˢ 40 et 41.

Ces deux tableaux offrent un *résumé* de tous les intervalles.

Le n° 4 est en *sol*; le n° 5 en *ré*; le n° 6 en *la*; n° 7 en *fa*, et il commence par la *dominante*; le n° 8 est en *si* ♭.

Tableaux n°ˢ 42 et 43.

Ces deux tableaux roulent sur les *signes accidentels*, ou sur l'emploi des *dièses* et des *bémols*.

Dans tout ce qui précède, on n'a pas trouvé de *signes* accidentels : les *dièses* ou *bémols* placés à la clef ne faisaient que changer les gammes ou toniques. Les *accidents* doivent être l'objet d'une nouvelle étude.

Dans le n° 1, il n'est fait usage que du *dièse* et du *bécarre*. Dans le n° 2, il n'est fait usage que du *bémol* et du *bécarre*. Le *dièse*, le *bémol* et le *bécarre* se trouvent réunis dans le n° 3.

Le n° 2 commence par la *médiante*.

Le n° 4 est en *sol*. Le n° 5 est en *ré* : il commence par la *médiante*.

Le n° 6 est en *fa;* le n° 7 en *si* ♭ ; le n° 8 est en *mi* ♭.

Dans les tons qui ont des *bémols* à la clef, le *bécarre* fait l'office du *dièse* dans le ton naturel et dans les tons qui ont des *dièses* à la clef.

Tableaux n^{os} **44 et 45**.

Jusqu'ici tous les exercices étaient écrits dans un *ton majeur*. On appelle *ton majeur* ou *mode majeur* une gamme dans laquelle il y a une *tierce majeure*, ou *deux tons*, de la *tonique* à la *médiante*.

Chaque *ton majeur* a un *ton mineur* correspondant ou *relatif*. On appelle *ton mineur* ou *mode mineur* une gamme dans laquelle il n'y a qu'une *tierce mineure*, ou *un ton et demi*, de la *tonique* à la *médiante*.

Un ton *mineur* prend le même nombre de *dièses* ou de *bémols* à la clef que le *majeur relatif*.

La tonique du *mineur* est placée une *tierce mineure* ou *un ton et demi* au-dessous de la tonique du *majeur*. Ainsi *la* est la tonique de la gamme *mineure* correspondante à la gamme *majeure* d'*ut*.

Les gammes *majeures* se font sans altération des intervalles établis par la clef; les gammes *mineures* au contraire altèrent au moins une note, la *sensible* ou note placée au-dessous de la tonique. Ainsi, dans la gamme de *la mineur*, qui ne demande ni *dièse* ni *bémol* à la clef, le *sol*, sensible de *la*, a besoin de recevoir un signe accidentel, *sol* ♯.

Nous allons présenter un tableau synoptique des tons *majeurs* et de leurs *mineurs* relatifs.

Tons majeurs.		Tons mineurs.	A la clef.
ut	—	la	
sol	—	mi	1 dièse.
ré	—	si	2 dièses.
la	—	fa ♯	3 dièses.
mi	—	ut ♯	4 dièses.
si	—	sol ♯	5 dièses.
fa ♯	—	ré ♯	6 dièses.
fa	—	ré	1 bémol.
si ♭	—	sol	2 bémols.
mi ♭	—	ut	3 bémols.
la ♭	—	fa	4 bémols.
ré ♭	—	si ♭	5 bémols.
sol ♭	—	mi ♭	6 bémols.

Le n° 1 est en *ré mineur*, relatif de *fa majeur*. Ce ton est déterminé par l'*ut* ♯.

Le n° 2 est en *la mineur*, relatif d'*ut majeur*. sensible, sol ♯.

Le n° 3 est en *mi mineur*, relatif de *sol majeur*: sensible ré ♯.

Le n° 4 est en *sol mineur*; le n° 5 en *ut mineur*; le n° 6 en *fa mineur*, le n° 7 en *si mineur*, le n° 8 en *fa* ♯ *mineur*.

Tableau n° 46.

Ce tableau roule sur différents intervalles *diminués* et *augmentés*.

Le n° 1, en *ré mineur*, est un exercice sur la *tierce diminuée*. On voit à la troisième mesure les deux notes *si* ♭, *sol* ♯, entre lesquelles il n'y a que l'intervalle de *deux demi-tons*, ou d'*un ton*.

Le n° 2, en *la mineur*, est un exercice sur la *seconde augmentée*. On voit à la troisième mesure les deux notes *sol* ♯ et *fa naturel*, entre lesquelles il y a l'intervalle d'*un ton et demi*. Cette *seconde* a, comme on le voit, *un demi-ton* de plus que la *tierce* précédente.

Le n° 3, en *ut majeur*, est un exercice sur la *quarte* et la *quinte augmentées* et *diminuées*.

Le n° 4, en *ré mineur*, est un exercice sur la *septième diminuée* et la *sixte augmentée*.

Tous ces intervalles sont d'une intonation difficile, et méritent une étude sérieuse.

Tableau n° 47.

On appelle *gamme chromatique* une gamme qui procède par *demi-tons*. Un morceau où l'on fait un fréquent usage de cette marche est dans le *genre chromatique*.

Le n° 2 est en *ré mineur*. Le n° 3 est en *sol majeur ;* il commence par la *médiante*.

Le n° 4 est en *mi ♭ majeur ;* il commence également par la *médiante*.

Tableau n° 48.

On emploie le *double dièse* pour élever d'un *demi-ton* une note qui est déjà *diésée* à la clef, et le *double bémol* pour baisser d'un *demi-ton* une note déjà *bémolisée*.

Nous voyons à la fin de la première portée, n° 1, *fa double dièse*, parce que le *fa* est *diésé* à la clef ; et à la deuxième portée du n° 2, *si double bémol*, parce que le *si* est *bémolisé* à la clef.

Un morceau de musique est toujours dans un certain ton, lequel est déterminé par l'armure de la clef ; mais il peut faire momentanément des excursions dans d'autres tons, c'est-à-dire passer dans d'autres gammes, pour revenir ensuite à la gamme primitive. Ce changement de gamme ou de mode se nomme *modulation*. On *module* quand on passe d'un ton dans un autre : par exemple, on module du ton d'*ut* dans le ton de *sol*, en employant accidentellement le *fa* ♯.

Les leçons précédentes contiennent déjà beaucoup de *modulations* ; mais il n'était pas nécessaire d'en prévenir plus tôt.

Le n° 1 est en *mi* (ou *grand mi*, pour le distinguer de *mi* ♭). A la fin de la deuxième portée, on a modulé de *mi* en *si*, ce qui a été fait par le moyen du *la* ♯ accidentel. Vers la fin de la troisième portée, on est passé en *sol* ♯ *mineur*, modulation qui est déterminée par l'emploi du *fa double dièse*. L'exercice se termine en *mi*, qui est la tonique du morceau.

Le n° 2 est en *ré* ♭. Au commencement de la deuxième portée, il module dans le ton relatif, *si* ♭ *mineur*, pour revenir aussitôt à la tonique primitive *ré* ♭. Au milieu de cette deuxième portée, l'on passe en *ré* ♭ *mineur*, et ce ton nécessite l'emploi du *si* ♭♭.

C'est ici le lieu d'observer que toute tonique *majeure* peut devenir une tonique *mineure*. Ainsi *ut*, que nous avons vu si souvent tonique d'une gamme *majeure*, peut être aussi la tonique d'une gamme *mineure* : pour cela il faudra, suivant ce qui a été dit, que de la *tonique* à la *médiante* il y ait une *tierce mineure* ; en d'autres termes, il faudra que le *mi* soit *bémol*.

Il a été établi que le *mineur relatif* d'un ton *majeur* était placé *un ton et demi* au-dessous du *majeur* ; donc *ut* sera le *mineur relatif* d'un certain ton placé *un ton et demi* au-dessus de lui, ou de *mi* ♭. Or, comme *mi* ♭ demande *trois bémols* à la clef, *ut mineur* aura également *trois bémols* à la clef.

Ut majeur n'avait rien à la clef ; *ut mineur* demande *trois bémols*. Donc on rend *mineure* une tonique *majeure* en ajoutant trois *bémols* à la clef, ou en supprimant *trois dièses*, s'il y a des dièses ; ou en supprimant les *deux dièses* et mettant un *bémol* ; ou enfin en supprimant le *dièse* unique et mettant *deux bémols*.

Appliquant ceci au n° 2, qui nous occupe, nous voyons qu'ayant commencé en *ré* ♭ *majeur*, il passe en *ré* ♭ *mineur*. Il y avait primitivement *cinq bémols* à la clef : pour obtenir le *mineur*, il y faudrait de plus deux *bémols* (*ut, fa*) et un *double bémol* (*si*). Mais cette manière d'écrire n'est pas usitée : on se contente de noter accidentellement les *bémols* et *doubles bémols*. Au milieu de la troisième portée, on module en *la* ♭ *mineur*, puis on revient en *ré* ♭ *majeur*.

Le n° 3 est en *sol* ♭ *majeur*. A la troisième portée, il module en *sol* ♭ *mineur* : pour cela il prend *trois* signes accidentels : *fa* ♭, *si* ♭♭, *mi* ♭♭. Il pourrait se faire que le *fa*, se trouvant ici *sensible* de *sol*, ne fût pas bémolisé ; mais ce serait une altération ; en rétablissant la gamme descendante, on aurait : *Sol* ♭, *fa* ♭, *mi* ♭♭, *ré* ♭, *ut* ♭, *si* ♭♭, *la* ♭, *sol* ♭. A la fin de la troisième portée, on revient en *sol* ♭ *majeur*.

Le n° 4 est dans le *ton relatif* de l'exercice précédent, c'est-à-dire en *mi* ♭ *mineur*. Pour avoir le *majeur* de la même tonique, on supprime *trois bémols* à la clef (opération inverse de celle qui a été indiquée ci-dessus pour convertir une tonique *majeure* en *mineure*). On remplace les *bémols* supprimés par *trois bécarres*, pour mieux faire voir que les notes *ré*, *sol*, *ut*, ne sont plus *bémolisées*. La leçon revient dans le ton primitif, *mi* ♭ *mineur*.

Tableau n° 49.

Ce tableau roule sur le *genre enharmonique*.

On fait un passage *enharmonique* quand on exécute successivement deux notes de noms différents, sans que l'intonation ait été changée [1]. Par exemple, d'*ut* à *ut* ♯, il y a un demi-ton ; d'*ut* à *ré* ♭, il y a également un demi-ton : *ut* ♯ et *ré* ♭

---

(1) Pour parler exactement, il faudrait dire : ait été changée *d'une manière sensible*. Mais la différence entre *ut* ♯ et *ré* ♭ est négligée dans la pratique.

ont donc la même intonation. Si après un *ut* ♯ vous faites un *ré* ♭, le son restera le même ; le nom seul changera ; vous aurez fait un passage *enharmonique*.

Nous avons dit qu'on ne mettait pas à la clef *sept dièses* ou *sept bémols*. C'est qu'on peut rendre le même effet d'une manière plus simple, par une substitution *enharmonique*. Ainsi, au lieu de mettre *sept dièses*, ce qui donnerait le *ton* d'*ut* ♯ *majeur*, on met *cinq bémols*, et l'on a *ré* ♭, qui en est l'équivalent. Au lieu de mettre *sept bémols*, ce qui donnerait le ton d'*ut* ♭ *majeur*, on met *cinq dièses*, et l'on a *si majeur*, qui en est l'équivalent.

On voit par là que, plus on multiplie les *dièses*, plus on se rapproche des *bémols* ; et plus on multiplie les *bémols*, plus on tend à tomber dans les *dièses*.

Le n° 1 est en *ut* ♯ *mineur*, relatif de *mi majeur*. Après avoir été la tonique d'une gamme *mineure*, *ut* ♯ devient ici la tonique d'une gamme *majeure*. On pourrait opérer ce changement en ajoutant *trois dièses* ; mais pour éviter l'emploi de *sept dièses*, on prend l'équivalent d'*ut* ♯ *majeur*, à savoir *ré* ♭, ton qui ne demande que *cinq bémols*.

Il faut bien faire attention que le *sol* ♯, qui commence la troisième portée, a le même son que le *la* ♭ qui suit. Arrivé au *point d'orgue* qui se trouve à la cinquième portée, on convertira par la pensée le *mi* ♭ en *ré* ♯, et l'intonation de *ré* ♯ à *ut* ♯ (intervalle d'un ton) paraîtra facile.

Le n° 2 est en *mi* ♭ *majeur*. Vers la fin de la deuxième portée, il passe en *mi* ♭ *mineur*: il a alors *six bémols*. Après le *point d'orgue* de la quatrième portée, il module en *ut* ♭ *majeur* (avec *sept bémols*), que l'on a remplacé par un ton équivalent, *si* avec *cinq dièses*. À la dernière mesure de la cinquième portée se trouve le passage *enharmonique* : au lieu de *si, la* ♯, *sol* 𝄪, qu'il aurait fallu écrire pour rester dans un ton avec *dièses*, on a écrit *si, la* ♯, *la* ♮ ; après quoi le *si* ♭ revient tout naturellement.

On aurait encore pu écrire la même mesure de la manière suivante : *ut* ♭, *si* ♭, *la* ♮ : alors l'*enharmonique* eût porté sur les deux notes *si* ♮, *ut* ♭.

Tableau n° 50.

Ce dernier Tableau résume les difficultés de *mesure* et d'*intonation*.

Sous le rapport de la mesure, le n° 1 est un exercice sur la *syncope*. Pour l'intonation, il présente des intervalles éloignés et l'emploi fréquent des signes accidentels.

Le n° 2 contient surtout des difficultés d'intonation ; il est rhythmé d'une manière uniforme.

Le n° 3, offrant constamment le retour des mêmes valeurs, n'a rien d'embarrassant pour la mesure; mais il exercera la lecture et l'intonation, par la succession rapide des notes et le changement des modulations [1].

(1) Les derniers Tableaux de ces deux séries ne renferment pas les plus grandes difficultés de la mesure et de l'intonation : il ne pouvait entrer dans le plan d'un ouvrage élémentaire de dépasser le point où nous sommes arrivés.

FIN.

www.ingramcontent.com/pod-product-compliance
Lightning Source LLC
LaVergne TN
LVHW051511090426
835512LV00010B/2469